认百花

童心 编著

U0367861

化学工业出版社
·北京·

图书在版编目(CIP)数据

童眼识天下. 认百花/童心编著. —北京：化学工业出版
社，2018.7（2024.7重印）
ISBN 978-7-122-32111-4

Ⅰ.①童… Ⅱ.①童… Ⅲ.①常识课-学前教育-教
学参考资料 Ⅳ.①G613

中国版本图书馆CIP数据核字（2018）第092044号

责任编辑：刘亚琦 丁尚林 装帧设计：尹琳琳

责任校对：宋 夏

出版发行：化学工业出版社（北京市东城区青年湖南街13号 邮政编码100011）

印 装：北京宝隆世纪印刷有限公司

889mm×1194mm 1/24 印张4 2024年7月北京第1版第6次印刷

购书咨询：010-64518888 售后服务：010-64518899

网 址：http://www.cip.com.cn

凡购买本书，如有缺损质量问题，本社销售中心负责调换。

定 价：22.80元

目录

春的使者——迎春花

百花之中开花最早的便是迎春花了，迎春花开后就迎来了百花盛开的春天，迎春花也因此而得名。迎春花花色秀丽，气质端庄，而且具有不畏严寒、易于栽养、适应性强的特点，是我国常见的观赏花开。

植物档案

名称：迎春花

别名：黄素馨、金腰带

纲：双子叶植物纲

目：捩花目

科：木樨科

迎春花不仅具有观赏性，还有活血解毒、消肿止痛的药用价值。

迎春花的枝条细长，植株较高，可以达到5米。

花朵绽放在枝头顶端。

花姿丰盈——山茶花

山茶花属于我国传统的观赏花卉，是我国"十大名花"之一。花期较长的山茶花可以从11月开至次年4月。山茶花原产于我国喜马拉雅山一带，后传入欧美地区，成为世界知名的花卉之一。

山茶树的树干结实耐用，可用来制造家具。

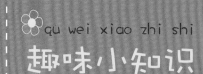

在北方，很多人们喜欢用叶绿色亮、花大色艳的山茶花来点缀客厅和阳台。此外，树冠优美的山茶花还广泛用于园林观赏。

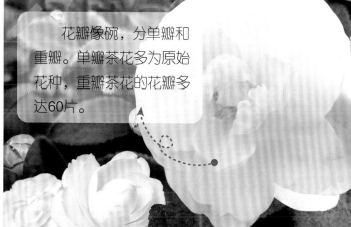

花瓣像碗，分单瓣和重瓣。单瓣茶花多为原始花种，重瓣茶花的花瓣多达60片。

山茶花是重庆、昆明、青岛等城市的市花。

3

植物档案

名称：樱花
别名：仙樱花、福岛樱
纲：双子叶植物纲
目：蔷薇目
科：蔷薇科

樱花除具有观赏和药用价值外，还有嫩肤和提亮肤色的美容功效。

漫天飞舞——樱花

樱花通常在每年3月中上旬开花。因为花色亮丽、花朵簇拥而开、枝叶繁茂而被广泛用于园林观赏。樱花喜光，适宜在温暖湿润的气候环境下生长。

櫻花每簇通常为3朵或5朵，花色多为白色或粉红色。

櫻花可分单瓣和复瓣两类。单瓣类能开花结果，复瓣类多半不结果。

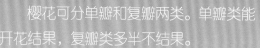

qu wei xiao zhi shi

趣味小知识

櫻花和樱桃花是不同的，樱桃花是樱桃树的花，它的果实是可以食用的樱桃，而樱花树的果实则称为樱花果。

植物档案

名称： 风信子
别名： 洋水仙、五色水仙
纲： 单子叶植物纲
目： 天门冬目
科： 风信子科

风信子球茎长到19厘米后才能开花。

团团簇簇——风信子

　　风信子是早春开花的著名球根花卉之一，也是重要的盆花种类。它喜欢阳光充足、空气湿润、排水良好和土壤肥沃的环境。

风信子是目前发现的会开花的植物中最香的品种之一。

风信子的花色非常丰富，有粉、蓝、白、黄、紫等多种颜色。

趣味小知识

风信子是常见的水培花木品种，它可以像水仙花一样进行水养。水养风信子，可在12月份将种球放在其专用水培瓶内，可以加入少许木炭以防止鳞茎腐烂。

具有观赏价值的风信子可以提取芳香油。此外，风信子还有滤尘作用。

纷繁芳香——丁香花

丁香花已有一千多年的栽培历史，是齐齐哈尔市的市花。丁香花喜欢生长在充满阳光、土壤肥沃、排水良好的环境。每到春天，一簇簇的丁香花便会盛开，芳香四溢，非常壮观。

植物档案

名称：丁香花
别名：华北紫丁香、紫丁香
纲：双子叶植物纲
目：捩花目
科：木樨科

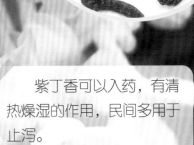

紫丁香可以入药，有清热燥湿的作用，民间多用于止泻。

紫丁香属于灌木或小乔木，高可达5米。

紫丁香芬芳袭人，是著名的观赏花木之一，也是庭院栽种的著名花木。

白丁香是紫丁香的变种，与紫丁香的区别是叶较小，叶面有稀疏的绒毛，花为白色。

象征美好与幸福——百合

百合素有"云裳仙子"之称。百合因鳞茎有许多肉质鳞片，片片紧紧地抱在一起，故得名"百合"。百合花的花形好像一个漏斗，有红、黄、白和粉红等颜色。百合花是梵蒂冈的国花。

植物档案

名称：百合
纲：单子叶植物纲
目：百合目
科：百合科

百合花可以长到1米以上。

花长在花茎的顶端，花冠较大，花筒较长，呈漏斗形喇叭状。

百合的主要应用价值在于观赏，部分品种不仅可作为蔬菜食用，还是著名的保健食品和常用中药，具有清火、润肺、安神的功效。

百合花有"百年好合""百事合意"之意，是婚礼上必不可少的装饰花卉。

11

神采奕奕——玉兰

玉兰有"莹洁清丽，恍疑冰雪"之赞，每年3~4月初开花，花期10天左右。玉兰喜欢阳光充足的环境，低温和潮湿的环境不利于它的生长。玉兰花是上海市的市花。

植物档案

名称：玉兰
别名：白玉兰、玉兰花
纲：双子叶植物纲
目：木兰目
科：木兰科

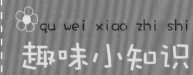

qu wei xiao zhi shi
趣味小知识

玉兰是很好的防污染树种，对有害气体的抵抗性较强。如果将玉兰栽在有二氧化硫和氯气污染的工厂中，则具有一定的抵抗能力和吸硫能力。

玉兰花具有一定的药用价值，对常见的皮肤真菌有抑制作用。

玉兰花含有丰富的维生素、氨基酸和多种微量元素，可加工制作成小吃，也可泡茶饮用。

玉兰能够生长到25米左右，树干最粗直径可达1米。

玉兰花外形极像莲花。盛开时，花瓣展向四方，具有很高的观赏价值。

酷似绣球的花朵——绣球花

在4~7月的公园里，我们有时会看见一个个"绣球"簇拥在绿叶中，那就是绣球花。绣球花在我国栽培历史特别悠久，在明朝时期的一些园林中便栽有这种花了。

在展开的枝条上，一簇簇盛开的花朵聚集在枝顶，散发着清香，绣球花真是美丽又可爱。

绣球花刚刚绽放时是淡绿色的，后来会渐渐变为白色、粉红色或者其他颜色。

盛开的串串铃铛——风铃草

风铃草原产于南欧，花色有白、蓝、紫及桃红等。风铃草喜欢夏季凉爽、冬季温和的气候，喜欢肥沃而排水良好的土壤。

植物档案

名称：风铃草
别名：钟花、瓦筒花
纲：双子叶植物纲
目：桔梗目
科：桔梗科

花冠呈漏斗或管状钟形。

风铃草除了具有较高的欣赏价值外，还是具有药用价值的草木花卉。

清晨的小喇叭——牵牛花

牵牛花属于藤蔓性缠绕草本花卉，茎细长，可达3~4米，常在物体上缠绕生长。牵牛花因为花冠很像喇叭，所以也被称为喇叭花。牵牛花花色鲜艳美丽，通常早上开放，中午凋谢。

植物档案

名称：牵牛花
别名：喇叭花、朝颜花
纲：双子叶植物纲
目：茄目
科：旋花科

种植在房屋前后的篱笆或花架附近，会形成非常美丽的花墙。

牵牛花黑色的种子叫"黑丑"，是一种常用中药，具有泻下通便、杀虫攻积的功效。

17

有毒的植物——夹竹桃

夹竹桃原产于印度、伊朗和阿富汗，因为叶片像竹叶，花朵像桃花而得名。夹竹桃喜欢有充足光照、温暖和湿润的环境。夹竹桃每三片叶子组成一个小组，环绕枝条，从同一个地方向外生长。

叶子上有一层像"蜡"一样的薄膜，这层薄膜有保湿和保温的作用。

植物档案

名称： 夹竹桃
别名： 柳叶桃、半年红
纲： 双子叶植物纲
目： 龙胆目
科： 夹竹桃科

夹竹桃有抗烟雾、抗灰尘、抗毒物，最终净化空气的能力。

花瓣互相重叠，有桃红色、黄色和白色，气味芳香。

趣味小知识

夹竹桃的茎皮纤维不仅是优良的混纺原料，而且是制取强心剂的原料，它的茎、叶还可以制杀虫剂。夹竹桃的茎叶、花朵都有毒，能分泌出一种叫夹竹桃苷的乳白色汁液，千万不可食用。

多刺的灌木植物——蔷薇

多刺的蔷薇原产于亚洲和欧洲。在蔷薇科中，蔷薇与玫瑰和月季在外形上很像。蔷薇在春末夏初开放，气味芳香。花朵有红、白、黄、紫等颜色。

图中为蔷薇椭圆状的果实。

植物档案

名称：蔷薇
别名：野蔷薇、刺玫
纲：双子叶植物纲
目：蔷薇目
科：蔷薇科

蔷薇花具有极高的经济价值，可以从中提取芳香油和香精。野生蔷薇的根还可入药。

野生蔷薇大多生长在路旁、溪畔、田野以及山谷里。

蔷薇是喜光花木，需要充足阳光的蔷薇习惯生长在排水良好的肥沃土地上。

qu wei xiao zhi shi

趣味小知识

蔷薇在中国象征着喜庆。每逢佳节、大型会展、庆贺工业时，人们会用蔷薇做花篮，以烘托喜气洋洋的气氛。

21

拥有顽强的生命力——矢车菊

矢车菊的故乡在欧洲，因为花色清丽、花形优美、气味芬芳和拥有顽强生命力而深受德国人民的喜爱，被奉为德国的国花。矢车菊比较耐寒，喜欢阳光，因为根系发达，所以在贫瘠的土地上也能生长。矢车菊可以搭配绿茶，作为茶品饮用。

矢车菊不仅极具观赏价值，还有美容养颜和治疗肠胃炎的功效。

植物档案

名称：矢车菊
别名：蓝芙蓉、荔枝菊
纲：双子叶植物纲
目：菊目
科：菊科

生命力顽强的矢车菊有紫色、蓝色和浅红色等多种颜色，其中紫色、蓝色最为名贵。

矢车菊高30~70厘米，它既是一种观赏植物，也是一种较好的蜜源植物。

qu wei xiao zhi shi
趣味小知识

矢车菊的花色丰富，花形别致，既适合地栽，也适合盆栽。因为矢车菊不耐移植，所以在移栽时一定要带土团，这样更易成活。如果适当摘去矢车菊部分侧芽，只留较少分枝，那么开出的花朵会更大更美。

···植物档案···

名称：玫瑰
别名：徘徊花、刺玫花
纲：双子叶植物纲
目：蔷薇目
科：蔷薇科

象征爱情之花——玫瑰

玫瑰是一种生长在温带的植物，它分布于亚洲东部、保加利亚、印度等国家和地区。玫瑰适合生长在富含腐殖质、光照充足、排水良好的环境中。如果没有充足的阳光，玫瑰会生长不良，开花稀少。

玫瑰的颜色丰富，有红、黄、白、紫等多种颜色。不同颜色的玫瑰所代表的意义也不同。

玫瑰花瓣可以提取高级香料——玫瑰油，玫瑰油比黄金还要昂贵，所以玫瑰还有"金花"之称。

玫瑰品种包括野生玫瑰在内共有200余种，而混种与变种则有成千上万种。

因为枝干上长有很多尖刺，所以人们又叫它刺玫花。

趣味小知识

玫瑰是保加利亚的重要香料植物。保加利亚每年生产玫瑰油约1200千克，每生产1千克玫瑰油就需要用掉2000~5000千克的花瓣。

具有药用价值——芍药

芍药是我国的传统名花，具有悠久的栽培历史，芍药有"女科之花"之称，这并不是因为它的花美，而是因为它的根具有药用价值。

芍药的根是著名的中药材。

植物档案

名称：芍药
别名：将离、红药
纲　：双子叶植物纲
目　：虎耳草目
科　：芍药科

芍药属长日照植物，花芽
要在长日照下发育开花。

趣味小知识

芍药与牡丹并称"花中二绝"，自古就
有"牡丹为花王，芍药为花相"的说法。芍
药被我国古代的人们视为爱情之花。

芍药花瓣呈倒卵形，花盘为浅杯
状，花瓣一般为5~13枚。

芍药有粉、红、紫等多种颜
色。图中为盛开的白色芍药。

27

名称：牡丹
别名：富贵花、鼠姑
纲：双子叶植物纲
目：毛茛目
科：芍药科

中国国花——牡丹

牡丹是我国的特产花卉，有数千年的自然生长历史和两千多年的人工栽培历史。因其花大、形美、色艳、香浓，而有"国色天香""花中之王"的美称。洛阳是我国牡丹的发源地之一。

牡丹株形各异，生长缓慢。温暖、凉爽、干燥、阳光充足的环境适合牡丹的生长。

硕大艳丽的花朵单生在枝头顶端。

牡丹不仅有观赏价值，而且还具有很高的药用价值。牡丹的根皮即为常用的中药材——牡丹皮。牡丹花还可以养血和肝，散郁祛瘀。

🌸 qu wei xiao zhi shi
趣味小知识

牡丹看上去与芍药很像，不过它们的区别却很大。比如牡丹是木本植物，能长到2米高，而芍药是多年生草本植物，不高于1米；牡丹叶片宽大，而芍药叶片狭窄；花色较为丰富的牡丹花单生于花枝顶端，而芍药花花型较小，多于枝顶簇生。

酷似马蹄的花朵——马蹄莲

马蹄莲原产于非洲南部，通常生长在河流旁以及沼泽地中。马蹄莲花朵形状奇特，因像马蹄而得名。马蹄莲一般在春秋两季开花，它既可以作为盆栽花卉，又是重要的切花品种之一。

花朵中间有突起的黄色花柱。

马蹄莲花朵中含大量草本钙结晶和生物碱等有毒物质，误食会引起呕吐、昏迷等中毒症状。

红色马蹄莲的花梗基部稍带红晕，开花稍晚于白色的马蹄莲。

叶片翠绿，花苞片洁白硕大，形状很像马蹄。

不耐寒、不耐高温的马蹄莲适合生长在温度为20℃左右的环境中。

叶片经过蒸煮后，可以治疗轻微头痛。

31

洁白的钟铃——铃兰

铃兰植株矮小，高20厘米左右，呈钟状的乳白色花朵总是下垂生长。铃兰喜欢凉爽湿润和半阴的环境，因此人们通常在山坡阴面或树林边缘的草地上看见它。

像铃铛一样的小花参差排列在花序轴上，简单而俏皮。

植物档案

名称：铃兰
别名：草玉玲、君影草
纲：单子叶植物纲
目：天门冬目
科：百合科

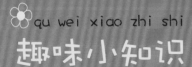

qu wei xiao zhi shi

趣味小知识

在法国，铃兰是幸福、幸运的象征。在婚礼上，人们会将铃兰送给新娘，以祝贺新人幸福快乐。

清新淡雅——鸢尾

鸢尾原产于我国中部和日本。鸢尾叶片碧绿青翠，每枝有2~3朵花，花朵好像翩翩飞舞的彩蝶，是庭院中常见的花卉之一，也是优美的盆花、切花和花坛用花。鸢尾春至初夏开花，花期4~6月。

植物档案

名称：鸢尾

别名：蓝蝴蝶、扁竹花

纲：单子叶植物纲

目：百合目

科：鸢尾科

植株所有部分都有毒，新鲜的花朵和根茎毒性更大。

一些国家会用此花制作香水。

33

植物档案

名称：绿萝
别名：魔鬼藤、黄金葛
纲：单子叶植物纲
目：泽泻目
科：天南星科

绿萝不仅可以美化室内环境，还可以净化空气，对有害气体有很强的吸收力。

常绿藤本植物——绿萝

绿萝属于大型常绿藤本植物，常攀援生长在岩石和树干上，最高可以长到20米，室内种植高度能达到2米左右。

绿萝的汁液有毒，触碰后会引起皮肤红肿发痒，不可食用。

绿萝叶子在成长初期是完整的心形，成熟后呈不规则的龟背状裂开，叶子最大能达到100厘米长、45厘米宽。

人们常把绿萝栽植于花盆中，置于花架上，让它的茎蔓悬挂垂下，就好像碧绿的窗帘一样，非常适合家庭和办公室种植。

会开花的"竹子"——石竹

石竹因为花茎像一节节竹子而得名。石竹花朵生长在花茎的顶端，一般为5枚单瓣或重瓣，带有淡淡的香气。盛开时，花瓣表面就像蝴蝶的翅膀般闪着光，绚丽多彩。

植物档案

名称：石竹
别名：洛阳花、中国石竹
纲：双子叶植物纲
目：石竹目
科：石竹科

呈锯齿状的花瓣上面有黑色的花纹，每5瓣长在一起，便组成了黑色的美丽环纹。

石竹可谓全身都是宝，它的花瓣、叶片、茎和根部都可以入药。

花朵一般单生或簇生，花瓣有鲜红、粉红以及白色等多种颜色。

石竹有收收二氧化硫和氯气的本领，可以在有空气污染的地方多种植。

花朵一般生长在花枝的顶端。

植物档案

名称：太阳花
别名：半支莲
纲：双子叶植物纲
目：石竹目
科：马齿苋科

绽放在午时的花朵——太阳花

太阳花原产于巴西，因为只有在阳光下才会开花，早、晚、阴天都会闭合，所以叫太阳花或午时花这名字。太阳花刚长出的叶子是浅绿色的，叶子长大后就变成了墨绿色。

太阳花具有药用价值，具清热解毒、活血祛瘀、消肿止痛、抗癌等功效，民间也用它来治毒蛇咬伤。

太阳花喜欢生长在温暖干燥、光照充足的环境中，而阴冷、多雨的环境则会影响它的生长，甚至导致死亡。

颜色、品种繁多的太阳花花期非常长，可以从5月开至11月。

太阳花不仅外表多姿亮丽，可供人观赏，人们还可以从中提取出黑色的染料呢！

热情而浓烈——杜鹃花

杜鹃花被誉为"花中西施"，它与山茶花、仙客来、石蜡红和吊钟海棠并称"盆花五姐妹"。杜鹃花在云南生长于海拔800~4500米的低丘、田野和高山中，尤其以云南西部高山种类最为丰富。杜鹃花的花期一般为4~5月。

植物档案

名称：杜鹃
别名：映山红、山石榴
纲：双子叶植物纲
目：杜鹃花目
科：杜鹃花科

杜鹃花种类繁多，全世界的杜鹃有近千种，而我国则有500余种，是世界上杜鹃花分布最多的国家。此外，杜鹃花还是我国十大传统名花之一。

花色绚丽，花、叶兼美的杜鹃花既适合地栽，也适合盆栽，是美化园林必不可少的花种之一。

杜鹃花是世界上比较著名的花卉，它具有较高的观赏价值。此外，杜鹃枝干坚硬，可用来做农具和用于雕刻。

白色杜鹃花中含有毒素，中毒后会引起呕吐、呼吸困难、四肢麻木等症状。

永远追随阳光——向日葵

向日葵的花像个大圆盘，种子生长在花盘中心，成熟后的种子就是我们常吃的葵花子。向日葵的全身都是宝，除了种子可以食用和榨油外，花梗和秆还可以用来做燃料和牲畜的饲料。因为向日葵总是把头转向太阳，所以它还有个名字叫"朝阳花"。

植物档案

名称：向日葵
别名：朝阳花、向阳花
纲：双子叶植物纲
目：菊目
科：菊科

向日葵长得高大，叶多而密，是耗水较多的植物。它的吸水量是玉米的1.74倍。

葵花是世界种植面积较广的油料作物，在中国的栽培面积仅次于大豆和油菜，是我国第三大油料作物。

向日葵原产于热带，但对温度的适应性较强，是一种喜温又耐寒的植物。

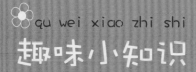

qu wei xiao zhi shi

趣味小知识

你知道吗？植物体内会产生一种奇妙的生长素。由于向日葵的生长素集中在背光的花托上，所以向日葵背光侧的茎总是生长得较快，茎自然会向光源处弯曲。在阳光的照射下，生长素在向日葵背光一面含量升高，刺激背光面细胞拉长，从而慢慢地向着太阳转动。

43

花茎高40～50厘米，多数高出叶面。火鹤所开的红花富有闪光的蜡质，常被人误认为是塑料制成的假花。

像红色手掌的花——火鹤

火鹤的花朵就像一只伸开的红色手掌，其掌心上竖起一小条金黄色的肉穗，换种说法叫"佛焰苞"。火鹤喜欢温暖湿润的环境，如果每天都向叶面喷水，保持湿度，有利于叶片生长。

拥有四散软垂的茎叶——吊竹梅

因为叶子形状像竹叶、叶片美丽，所以命名为吊竹梅。人们通常将其盆栽悬挂在室内，来观赏它由四面八方垂散下来的茎叶。吊竹梅叶子没有叶柄，颜色大多呈紫绿色并夹杂着银白色。

吊竹梅除可作园林美化、阳台或室内盆景观赏外，还有清热解毒、凉血止血的药用价值。

植物档案

名称：吊竹梅
别名：斑叶鸭跖草
纲：单子叶植物纲
目：鸭跖草目
科：鸭跖草科

45

亭亭玉立的仙子——荷花

荷花是一种水生植物，相对稳定的平静浅水、湖沼、池塘都是荷花的适生地。莲藕是荷花的根茎，它肥大多节，横生于水底的淤泥之中。每到夏天，生长在藕上的荷花便一朵接一朵地盛开在水面上。

藕不仅能止血、散瘀，还可以用来做美味的菜肴。

植物档案

名称：荷花
别名：莲花、水芙蓉
纲：双子叶植物纲
目：睡莲目
科：睡莲科

莲蓬里的莲子是荷花的种子，它具有较高的营养价值，是老少皆宜的食物。

清新脱俗的花朵不仅具有观赏价值，还有清热解毒的功效。

qu wei xiao zhi shi
趣味小知识

荷花的花期一般为6~9月，花朵长在花梗的顶端，有红、白、粉红等多种颜色。荷花亭亭玉立、香气四溢，是园林中常见的水面绿化植物。此外，荷花还是越南和印度的国花。

荷花一般在清晨绽放，到了晚上花瓣会慢慢闭合，等到次日清晨重新开放。

植物档案

名称：勿忘我
别名：星辰花、补血草
纲：双子叶植物纲
科：紫草科
属：勿忘草属

勿忘我花富含维生素C，可以作为花草茶饮用。

花朵娇小，簇生于花枝顶端。

传递思念的花——勿忘我

勿忘我的花朵小巧秀丽，种类繁多，适应力强。勿忘我一般生长在干燥凉爽、土质疏松、土壤肥沃、排水良好的环境中。山坡、林下以及山谷草地都是勿忘我的生长地。

苏铁喜暖热湿润的环境，个耐寒冷，多种植在南方。

植物档案

名称：苏铁
别名：铁树、凤尾蕉
纲：苏铁纲
目：苏铁目
科：苏铁科

入水即沉——苏铁

苏铁属于常绿植物，在民间被称为"铁树"，因为树干如铁般坚硬，喜欢含铁质的肥料而得名。另外，由于铁树枝叶似凤尾，树干似芭蕉、松树的树干，所以又名凤尾蕉。苏铁树干较粗较壮，植株高度可达8米。

植物档案

名称：巨魔芋

别名：尸花、泰坦魔芋

纲：单子叶植物纲

科：天南星科

远远看上去像一把倒置的雨伞，没有叶子，也没有茎。

世界上最臭的花——巨魔芋

巨魔芋奇臭无比，其在开花的时候散发出的类似尸体腐烂的气味会急剧增加，被人们称作"世界上最臭的花"。巨魔芋在数十年的生命期内只开2~3次花，开花时间没有规律，并且花朵维持时间短，仅有数日，长出果实后不久便会枯萎。

巨魔芋是一种寄生植物，专靠吸取其他植物的营养来生活。它能吸引昆虫到自己的花朵上产卵，等幼虫发育成熟，就可以帮自己传播花粉了。

花序的直径可达1.5米，高则将近3米。

最大的花——大王花

大王花是世界上最大的花，一般可达4~5千克。它一生中只开一朵花，最大的直径可达1.4米。整个花冠为鲜红色，上面有点点白斑，它生活在像葡萄藤一样的热带藤类植物中。

大王花散发出的腐烂气味，可以吸引喜欢腐肉的昆虫来传播花粉。

大王花没有根、茎、叶，所以不能进行光合作用。

大王花有5片又大又厚的花瓣，在花苞绽放初期有香味，随着花朵渐渐绽放，就会散发出腐臭气味。

制取鸦片的原料——罂粟花

罂粟花原产于地中海地区，在很久以前便传入中国。绚烂华美的罂粟花不仅仅是一种颇具观赏价值的植物，还是制取毒品和麻醉剂的原料。

植物档案

名称：罂粟花
别名：虞美人
目：罂粟目
科：罂粟科

花瓣宽大、轻薄的罂粟花有红、黄、粉、白等多种颜色。

罂粟花具有麻醉性，其提取物是吗啡、那可丁等镇静剂的来源。此外，一些不法分子还利用罂粟花来制取鸦片。

罂粟花主要产于印度和土耳其等地。老挝、泰国、缅甸三国边境有一个三角形地带，即"金三角"，那里是罂粟花主要的非法种植地区。

茎卜有密密麻麻、又细又尖的刺。

世界花后——郁金香

被誉为"世界花后"的郁金香原产于土耳其一带，习惯生长在冬季较温和湿润、夏季较凉爽干燥的向阳或半阴环境中。郁金香花色艳丽丰富，人们常利用各种颜色的郁金香搭配组成几何图形的花坛，或分品种成片种植在林内、水边等地。

郁金香花朵中含有生物碱，近距离接触绽放的郁金香数小时后，人会感觉头晕，如果过多接触，容易使人毛发脱落。

植物档案

名称：郁金香
别名：洋荷花、草麝香
纲：单子叶植物纲
目：百合目
科：百合科

郁金香是荷兰的国花。荷兰人民把最接近5月15日的星期三定为一年一度的郁金香节。

每枝花茎上只有一朵花，花形有杯形、碗形、卵形、球形、钟形、漏斗形、百合花形等，有单瓣也有重瓣。

花色有白、紫、黄、粉红、洋红、橙等单色或复色，深浅不一。

像蝴蝶一样美丽——蝴蝶兰

蝴蝶兰花形婀娜多姿，颜色清纯亮丽，因花形好似翩翩飞舞的蝴蝶而得名。蝴蝶兰是兰花中非常珍贵的品种，拥有"兰中皇后"的美称。由于蝴蝶兰喜欢生长在高温、潮湿、半阴的环境中，所以常见于热带雨林地区。

两片最大的花瓣对称生长，就像蝴蝶张开的翅膀一样。

能吸收空气中的养分而生存，属于气生兰。

植物档案

名称：蝴蝶兰

别名：蝶兰

纲：单子叶植物纲

目：兰目

科：兰科

趣味小知识

qu wei xiao zhi shi

蝴蝶兰有百余个品种，其中一个比较有名的品种是二叶舌唇兰。二叶舌唇兰开白花，植株较小。

花色鲜艳夺目，有纯白、鹅黄、淡紫、橙赤和蔚蓝等多种颜色。

每片花瓣都是菱状圆形的。

花瓣上有清晰的网状脉纹，使花朵看上去充满生机。

花瓣不规则，边缘有齿，单瓣或重瓣。

送给妈妈的花——康乃馨

康乃馨是高海拔植物，生长在岩石山坡上，尤其是钙质土壤中，并需要阳光直射。喜好强光是康乃馨的重要特性，无论是室内盆栽还是温室栽培，都需要充足的光照。

康乃馨有红色、粉色、黄色、白色等多种颜色。

一节节茎和又尖又细的叶子非常像竹子，散发着淡淡清香的花朵单生或簇生在枝头上。

康乃馨的外形与石竹非常相似，不同的是，康乃馨的花朵较大，瓣数较多。

qu wei xiao zhi shi
趣味小知识

在西方，传说圣母玛利亚看到耶稣遭受苦难流下泪水，眼泪滴落的地方就长出了粉红色的康乃馨。因此，粉红色康乃馨就成了母爱的象征，每年的母亲节，人们就送粉红色的康乃馨给母亲。

一般在晚上20~24点开花，开放4~5小时就凋谢，所以有"昙花一现"之说。

昙花花蕾下垂，开花时，花瓣缓缓张开而微微颤动。花色洁白如玉，清香四溢，享有"月下美人"的美誉。

月下美人——昙花

昙花通常在夏秋季晚间开花，花形像漏斗，花色为白色，适合在富含腐殖质、排水良好的沙质土壤，且温暖湿润及多雾半阴的环境中生长，其不耐寒、不宜暴晒。昙花可以增加室内的负离子含量，气味有抑菌杀菌的能力。

植物档案

名称：美人蕉
别名：大花美人蕉、红艳蕉
纲：单子叶植物纲
目：美人蕉目
科：美人蕉科

具有净化空气、保护环境的作用。

植株全部呈绿色，高可达1.5米。

花有白、红、黄等颜色。

枝叶茂盛——美人蕉

美人蕉属于草本植物，它粗壮、肉质的根茎横卧在地下。美人蕉枝叶茂盛，花大色艳，花期长，花朵略高于叶片。其喜欢温暖的环境和充足的阳光，不耐寒。美人蕉对土壤要求不严格，不过在疏松肥沃、排水良好的沙壤中生长最好。

63

花大色艳——百日菊

花期较长的百日菊具有红、黄、粉红等多种颜色，层层叠叠的花瓣使它的花型变化多端。百日菊的花瓣有单瓣和重瓣两种，花叶有卷叶、皱叶等形式。

耐干旱的百日菊适合生长在阳光充足、土壤肥沃的地方，多雨以及排水不良的环境不利于它的生长。

花大色艳、株形美观的百日菊是阿拉伯联合酋长国国花。

像蜂巢一样的花朵——万寿菊

原产于墨西哥的万寿菊整株高一般为50~150厘米，由一片片卷状花瓣组成的花朵远远望去就像蜂巢，所以人们又叫它"蜂窝菊"。在非洲，人们经常用散发着独特气味的万寿菊来驱赶蚊虫。

金黄色的万寿菊一般生长在温暖、向阳的地方。

植物档案

名称：万寿菊
别名：金菊花、蜂窝菊
纲：双子叶植物纲
目：菊目
科：菊科

万寿菊的生命力比较顽强，它可以适应不同土壤并迅速生长。此外，独特的气味使万寿菊较少有病虫害。

酷似鸡冠的花朵——鸡冠花

鸡冠花的花形非常像公鸡的鸡冠，所以被称为鸡冠花。花有白、淡黄、金黄、淡红、火红、紫红、棕红、橙红等颜色。花期5~8月，叶子为长卵形或卵状披针形，有翠绿、黄绿等颜色。鸡冠花一般喜欢阳光充足、湿热的环境。

植物档案

名称：鸡冠花
别名：老来红、芦花鸡冠
纲：双子叶植物纲
目：石竹目
科：苋科

鸡冠花的花、种子都可入药。

茎叶可以用作蔬菜。

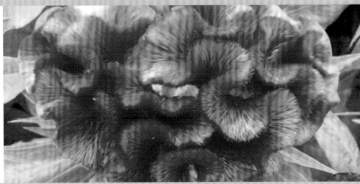

鸡冠花植株有矮型、中型、高型三种，矮的只有30厘米高，高的可达2米。

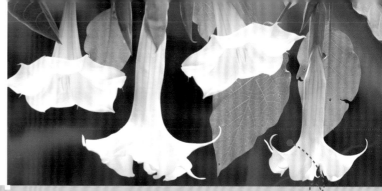

曼陀罗所有部分都有毒性。不过，它的花具有麻醉作用，叶片、花籽均可入药。

花冠像喇叭，某些品种具有一定的观赏价值。

植物档案

名称：曼陀罗
别名：曼荼罗、满达
纲：双子叶植物纲
目：茄目
科：茄科

山野里的喇叭——曼陀罗

曼陀罗通常生长在野外的田间、沟旁、道边、河岸、山坡等地方。其喜欢温暖、向阳及排水良好的沙质土壤。花色有绿色、紫色、红色、蓝色、白色等，我国常见的花色大多为白色，花期6~10月。

重阳节的象征——九月菊

　　由于这种菊花在每年农历九月左右盛开，因此人们称它为"九月菊"。九月菊花朵硕大，颜色鲜亮，为秋天增添了许多生机。

植物档案

名称：九月菊
别名：黄花、帝女花
纲：双子叶植物纲
目：菊目
科：菊科

层层叠叠的花瓣呈卷曲状，看上去具有浓厚的艺术气息。

九月菊适合生长在光照充足的地方，如果有高大的树木或者房屋遮挡，会影响九月菊的生长。

我国传统节日重阳节是农历九月九日，重阳节正是金秋时节，菊花盛开，观赏菊花便成了人们欢度节日的重要活动。早在北宋时期，重阳赏菊之风就已经盛行，当时的菊花就有很多品种，千姿百态，其中便有九月菊。后来，人们把农历九月称为"菊月"，而重阳赏菊的习俗也流传至今。

花中皇后——月季

月季是中国十大名花之一，也是北京、天津等市的市花。因花色艳丽、花期持久、香气浓郁，被誉为"花中皇后"，可作为观赏植物，也可作为药用植物。

植物档案

名称：月季

别名：月月红、长春花

纲：双子叶植物纲

目：蔷薇目

科：蔷薇科

叶片呈卵形或长圆形，边缘有锯齿，多数品种叶面平滑有光泽，初展叶时为紫红色，后逐渐变绿。

月季为灌木，每节茎干大致有3~4个尖刺；小叶一般为3~5片，叶片光滑；花朵较大，花色丰富，气味清淡。

花色有朱红、鲜红、粉红、橙黄、白色等。

花可提取香料。根、叶、花均可入药，具有活血消肿、消炎解毒的功效。

花色有红、黄、橙、紫、淡红、白等颜色。

花朵凝重——大丽花

大丽花原产于墨西哥，也是墨西哥的国花。大丽花品种已超过3万种，是世界上品种最多的花卉之一。大丽花的花色、花形非常丰富，从花形看，大丽花有菊形、莲形、芍药形、蟹爪形等，花朵直径小的似酒盅口大小，大的达30多厘米。

植物档案

名称：大丽花
别名：大理花、天竺牡丹
纲：双子叶植物纲
目：菊目
科：菊科

大丽花的花瓣、叶片和根茎都可入药，有清热解毒的功效。

人丽花的花瓣整体排列得整齐而紧凑，且每片花瓣都较厚，看上去十分水嫩。

趣味小知识

大丽花花瓣有重瓣和单瓣。重瓣的大丽花雍容华贵，可与牡丹媲美，因此又得名"天竺牡丹"。但是花儿的构造与牡丹不同。牡丹花的花心里有大簇的花蕊，而大丽花花心是由无数朵小花组成的。

可用来做花茶，花茶的颜色可以变化，在锦葵花茶内滴入柠檬汁可变为粉红色。

植物档案

名称：锦葵

别名：荆葵、钱葵

纲：双子叶植物纲

目：锦葵目

科：锦葵科

花瓣5枚，花形为匙形。

拥有扁球形的果实——锦葵

锦葵全株高60~100厘米，花朵生长在叶柄与花枝之间，花色一般为紫红色或白色，果实为扁球形，种子是黄褐色。耐寒耐旱的锦葵适合生长在沙质土壤且光照充足的环境中。

植物档案

名称：雏菊

别名：延寿菊

纲：双子叶植物纲

目：菊目

科：菊科

娇小玲珑——雏菊

原产于欧洲的雏菊娇小玲珑，花叶密集翠绿，整体看上去生机盎然、可爱烂漫。由于雏菊有不同的品种，所以形态和颜色也各种各样。

雏菊有白、粉、红等颜色。通常每株雏菊都会开出10朵花左右。

耐寒的雏菊适合生长在凉爽的环境中，如果天气十分燥热，雏菊很容易枯死。

龙舌兰黄绿色的花朵生长在花梗顶端，而花梗则由莲座中心抽出。

叶片坚挺——龙舌兰

龙舌兰是常绿草本植物，它植株高大，一般高达1.7米左右。龙舌兰的基部呈莲座状，拥有坚挺的灰绿或蓝绿色叶片。

植物档案

名称：龙舌兰
别名：番麻
纲：单子叶植物纲
科：龙舌兰科
属：龙舌兰属

　　四季常青的龙舌兰是南方园林装饰的重要植物之一，而北方则多在温室盆栽，人们经常将其放置于庭院或厅堂。

　　耐旱性极强的龙舌兰喜欢光线充足、温暖的环境，生长环境温度一般为15~25℃。此外，疏松、透水性较好的土壤利于龙舌兰的生长。

龙舌兰的绿色叶汁有毒，如不小心沾在皮肤上，会产生灼热感。

浑身是刺——仙人掌

仙人掌通常生长于沙漠等干燥的环境中，因此可以承受强烈的光照。仙人掌耐炎热，生命力顽强，适于在家庭阳台上栽培。仙人掌花朵有漏斗状、喇叭状、高脚碟状、杯状等，少数品种是两侧对称，如蟹爪兰。

全株可入药，有清热解毒、散瘀消肿等功效。

植物档案

名称：仙人掌
别名：仙巴掌、霸王树
纲：双子叶植物纲
目：石竹目
科：仙人掌科

刺内含有毒汁，被刺后会引起皮肤红肿、疼痛等症状。

仙人掌表面有层蜡质，叶子也进化成了针状，缩小了外表面积，从而减少了水分蒸腾。

雪山的守护者——雪莲

雪莲生长在海拔4800~5800米的高山山坡以及雪线附近的碎石间，绝大部分产于中国青藏高原及其相邻地区，是一种稀有的名贵药用植物。雪莲种子在0℃发芽，3~5℃生长，幼苗能经受住-21℃的严寒温度。

叶片呈椭圆形或卵状椭圆形，边缘有尖齿。

花朵被叶片所包封，犹如穿上了绒衣，可以保证它在严寒下生存。

植物档案

名称：雪莲
别名：雪荷花
纲：双子叶植物纲
目：菊目
科：菊科

雪莲可入药，有散寒除湿、止血消肿的功效。

81

四季常绿——万年青

万年青是常绿草本植物，因其枝叶常年碧绿而得名。万年青原产于我国南部和日本。人们喜欢将外形硕大、叶片翠绿的万年青放置在客厅、卧室、会议室内，以方便观赏。

万年青可以吸收空气中的有毒有害气体，比如甲醛等，并释放氧气，起到净化空气的作用。

植物档案

名称：万年青

别名：开喉剑、九节莲

纲：单子叶植物纲

目：百合目

科：百合科

万年青叶片宽大苍绿，浆果殷红圆润，非常适宜作观赏花卉。

万年青所有部分都可入药，有清热解毒、强心利尿的功效。

万年青叶子和茎部组织的汁液若沾到皮肤上，会引起红肿、发痒等症状。

温室里的花朵——四季海棠

人们之所以称这种花为"四季海棠"，是因为它的花期很长，几乎能全年开花。四季海棠的花朵一般为淡红色、粉红色或白色，在秋末冬初开得最为茂盛。

植物档案

名称：四季海棠
别名：玻璃翠
纲：双子叶植物纲
目：侧膜胎座目
科：秋海棠科

四季海棠的花瓣和叶片具有清热解毒的功效，可以捣碎外敷。

四季海棠叶片油绿光洁，花朵玲珑娇美，非常适合盆栽观赏。

拥有卵圆形叶片的四季海棠由于品种的不同，叶片有绿、褐绿等颜色，并具蜡质光泽。

当花朵凋谢后，一定要及时修剪残花、摘取花心，这样才能多分枝、多开花。

冬天的精灵——梅花

梅花花色秀美、幽香怡人，它与松、竹并称为"岁寒三友"，与兰、竹、菊并称为"四君子"。梅花是花中的寿星，即使是家养的盆栽，通常也可以养到10年以上。

植物档案

名称：梅花

别名：春梅、干枝梅

纲：双子叶植物纲

目：蔷薇目

科：蔷薇科

散发着淡淡香味的梅花有又轻又薄的花瓣，在花朵的中间是纤细的花蕊。

梅花不仅有观赏价值，还有开胃散郁、生津化痰等药用价值，而且用梅的果实制成的话梅、酸梅汤深受人们的喜爱。

趣味小知识

我国不少地区尚有千年古梅，湖北省黄梅县有一株1600多岁的晋朝所种的梅花，至今仍吐芬芳。梅花的品种达300余种，适宜观赏的梅花种类包括大红梅、绿萼梅、龙游梅等。

酷似仙鹤的植物——天堂鸟蕉

原产于南非的天堂鸟蕉有2米多高，它又粗又壮的根上生长着酷似芭蕉的叶片。天堂鸟蕉花形奇特、色泽艳丽，看上去清新高雅。

植物档案

名称：天堂鸟蕉

别名：鹤望兰

纲：单子叶植物纲

目：芭蕉目

科：旅人蕉科

一株天堂鸟蕉一般在栽培4~5年后才会开花。

天堂鸟蕉的花朵有橙色的萼片、突出的柱头以及暗蓝色的箭头状花瓣。

绽放的花朵看上去宛如一只仙鹤翘首远望，因此天堂鸟蕉又叫鹤望兰。

叶形似剑，叶片呈深绿色，较厚。

植物档案

名称：君子兰

别名：大花君子兰、大叶石蒜

纲：单子叶植物纲

目：百合目

科：石蒜科

花形、叶形美观大方，非常适合作为室内装饰盆栽。

盆栽植物——君子兰

原产于非洲南部地区的君子兰喜欢半阴、湿润的环境，一般最佳生长环境温度在18～28℃。君子兰植株文雅俊秀，犹如风度翩翩的君子，花形如兰花，故因此而得名。

象征思念与团圆——水仙

　　水仙在我国有一千多年的栽培历史，是我国的传统名花之一。水仙可以分为单瓣型和重瓣型，栽培方法有土栽、沙栽、水栽。水仙适合生长在温暖湿润、阳光充足的环境中。

花朵全部生长在由叶丛中抽出的花序轴上。

植物档案
名称：水仙
别名：凌波仙子、金盏银台
纲：单子叶植物纲
目：百合目
科：石蒜科

水仙花瓣近似椭圆形，花蕊外面有一个像碗一样的鹅黄色保护罩。